hänssler

Dr. Theo Lehmann

So einfach? Einfach so!

Gedanken zum Glauben

Hänssler-Taschenbuch
Bestell-Nr. 394.587
ISBN (10) 3-7751-4587-7
ISBN (13) 978-3-7751-4587-9

Internet: www.haenssler.de
E-Mail: info@haenssler.de
Umschlaggestaltung und Titelillustration: Arne Claußen
Satz: Vaihinger Satz & Druck, Vaihingen/Enz
Druck und Bindung: Ebner & Spiegel, Ulm
Printed in Germany

ecpa International Member of the Evangelical Christian Publishers Association

Inhalt

↗ So einfach? Einfach so!

So einfach? Einfach so!

5»Wenn du nun aber ernsthaft nach Gott suchst und den Allmächtigen um Gnade anflehst, 6und wenn du dabei rein und untadelig bist, wird er sich erheben und dein glückliches Heim wieder herstellen. 7Im Vergleich zu dem, was du dann hast, wird dir dein früherer Besitz ganz armselig vorkommen.« *(Hiob 8,5-7)*

Wenn es nur immer so einfach wäre: Wenn du Gott suchst, wird er dir helfen. Aber so einfach funktioniert das nicht! Allerdings hat das auch weder das Buch Hiob in seiner Gesamtheit noch Hiobs Freund Schuach in seiner Sturheit behauptet. Wir haben uns im Zeitalter der Schnellkochtöpfe und des Instantkaffees so eine flotte »Schwuppdiwupp-Theologie« angewöhnt: Alles muss immer sofort klappen – und worum wir Gott bitten, muss er uns sofort geben. Gebet des Hektikers: »Gib mir Geduld, aber bitte gleich!«

Doch Gott ist weder der vergessliche Großvater, der sich nicht an seine Versprechen erinnern kann, noch ist er der Zauberkünstler, der mit einem Fingerschnippen den Knoten löst. Er ist unser Vater, der uns zusagt: »Sucht nach mir und ihr werdet leben!« So ließ er es den Israeliten durch den Propheten Amos sagen (Amos 5,4). Und der Rat, den Hiob hier (Verse 5-7) bekommt, den bekommen auch wir heute: Probier es aus und du wirst merken, dass es stimmt. Den gleichen Rat gab Jesus denen, die an ihm zweifelten: »Wer den Willen Gottes tun will, wird erkennen, ob meine Lehre von Gott ist oder ob ich aus mir selbst heraus rede« (Johannes 7,17). Das ist die einzige Methode, um herauszufinden, ob die Bibel zuletzt »doch Recht« hat. Probieren statt diskutieren. Gehorsam statt Kritik. Niemand sagt, das sei einfach.

Aber die Bibel sagt, dass wir's einfach tun sollen. Einfach so.

(aus: mittendrin, 4/2003, Allerheiligen, 1. November)

Das Ei des Kolumbus

Jeder weiß: Man kann ein Ei nicht einfach auf den Tisch stellen. Es steht nicht, sondern kippt um. Jeder kann es probieren, aber es bleibt dabei: Kein Ei steht. Christopher Kolumbus, uns wohl bekannt als Entdecker Amerikas, hat dennoch einen Ausweg gefunden: Er nahm ein Ei in die Hand und knallte es auf die Tischplatte. Die Eispitze zerbrach, das Innere spritzte heraus. Das war keine ästhetische Leistung, aber es war die Lösung. Das Unmögliche wurde möglich: Das Ei stand! Das war das Ei des Kolumbus.

Es klappt nicht

Immer wieder versuchen Menschen vor Gott geradezustehen, aus eigener Kraft vor ihm bestehen zu können. Aber es klappt nicht. Das Gewicht der Sünde ist allemal stärker als das des guten Kerns, der angeblich in jedem steckt. Also fällt der Mensch immer wieder um.

Marke Anständigkeit

Der Trick mit den lustig bemalten Eierbechern Marke »Anständigkeit«, »Humanität« usw. ist auch nur eine Hilfskonstruktion. Allein kann der Mensch damit nicht bestehen vor Gott. So wie der Mensch von Natur aus ist, ist er ein Sünder, der vor Gott nicht bestehen kann (vgl. Römer 3,23).

Gottes Lösung

Gott hat aber eine Lösung gegeben: Er nahm seinen Sohn Jesus Christus und rammte sein Kreuz in die Erde. Blut lief vom Kreuz herunter – das war bei weitem kein ästhetischer Anblick, aber es war die Lösung, die Erlösung! Das Unmögliche wurde möglich. Jetzt kann jeder vor Gott bestehen, der an Jesus Christus, den Sohn Gottes glaubt. »Denn Gott machte Christus, der nie gesündigt hat, zum Opfer für unsere Sünden, damit wir durch ihn vor Gott gerechtfertigt werden können« (2. Korinther 5,21).
Gott hat also an seinem eigenen Sohn Jesus Christus das harte Strafgericht über die Sünde vollzogen. Jeder, der Jesus Christus als Erlöser annimmt, kann vor Gott in Ewigkeit bestehen (vgl. Johannes 1,12)!

Wie steht es bei Ihnen?
Haben Sie das »Ei des Kolumbus« in Ihrem Leben bereits entdeckt? Versuchen Sie noch mit eigener Kraft vor Gott zu stehen oder ist Jesus Christus Ihr Erlöser?

James Irwin, der als erster Astronaut auf dem Mond landete, sagte einmal: »Es ist wichtiger, dass Jesus seinen Fuß auf die Erde setzte, als der Mensch seinen Fuß auf den Mond.«

Dr. Veronika Carstens, die Frau des ehemaligen deutschen Bundespräsidenten, sagte: »Ich bin immer wieder voller Dankbarkeit über das Wunder, das durch Christus vollbracht wurde. Dass uns durch sein Leiden die Vergebung unserer Sünden und die Hoffnung auf ein Leben nach dem Tode geschenkt wurde.«

*(Nimm und lies, 01/04,
Text von Pfarrer Theo Lehmann
und Pfarrer Matthias Schürmann)*

Hoffnung für alle

In einem Felsengrab wurde Jesus beerdigt. Stein davor. Siegel drauf. Wache drumrum.

Rumms, hat Gott ihn nach drei Tagen rausgeholt. Auferweckt.

Wenn Gott das geschafft hat, schafft er es auch, Menschen aus dem Druck ihrer Schuld rauszuholen.

Wenn für Gott der tote Jesus kein hoffnungsloser Fall war, dann gibt es für ihn überhaupt keine hoffnungslosen Fälle. In Christus gibt es eine Hoffnung für alle. Auch für Sie.

Der Gott, der Gräber öffnen kann, kann auch Menschenherzen öffnen. Auch Ihres. Der Gott, der Steine vom Grab wegschieben kann, kann auch Ihre Ängste wegschieben.

Damit Sie wieder Land sehen, froh sein, atmen können. Auch wenn Sie Ihre Hoffnung schon längst begraben haben.

(aus: Morgenpost, 09.07.2000)

Psalm 150,2

In Psalm 150 Vers 2 lesen wir: »Lobt Gott für seine mächtigen Taten, lobt ihn in seiner unvergleichlichen Größe!« Warum sollen wir das tun? Hat der das nötig? Nein, er nicht. Aber wir. Ob unter Milliarden von Lebewesen so ein winziges Geschöpf wie ich und Sie Gott lobt oder nicht, das ändert an der Größe Gottes überhaupt nichts. Aber ob wir zu dem großen Gott, der das Universum geschaffen hat und lenkt, eine Beziehung haben, das ändert unser kleines Menschenleben total. Wir sind eben nicht bloß ein namenloses Staubkörnchen im Weltall, das unbeachtet und sinnlos herumfliegt und am Ende vergammelt. Wir sind Geschöpfe Gottes und haben dadurch einen unendlichen Wert! Gott legt Wert darauf, unsere Stimme zu hören. Es gibt sogar eine Stelle in der Bibel, die sagt: Die ewige Erlösung vieler Menschen hängt davon ab, ob sie Gott gelobt haben. So steht es im Römerbrief. Da geht es um die Heiden, also um Menschen, die den Gott der Bibel nicht kennen. Und da sagt die Bibel: Jeder Mensch, der nicht auf den Gebrauch seines Verstandes verzichtet, kann erkennen, dass Gott ist. Er kann es an den Werken der Schöpfung erkennen. Und wer Gott dafür nicht lobt und dankt, hat im Gericht keine Entschuldigung. Das Gotteslob als Maßstab im Gericht, wo über Himmel und Hölle entschieden wird! Das heißt also: Unser Psalmwort »Lobt Gott für seine mächtigen Taten, lobt ihn in seiner unvergleichlichen Größe!« richtet sich nicht nur an die gläubige Gemeinde. Es ist eine Aufforderung an alle Menschen. Es nehmen sich ja nicht alle Menschen Zeit, im Lauf des Tages mal ein paar Minuten in der Bibel zu lesen. Aber fast alle Menschen haben Zeit, die Sonne zu sehen, etwas zu essen, frische Luft zu atmen. Da haben wir schon drei Taten Gottes, drei geniale Werke seiner Schöpfung, ohne die wir gar nicht lebensfähig wären.

Wir brauchen also gar nicht krampfhaft zu überlegen, wofür wir Gott mal loben könnten. Wir brauchen nur die Augen aufzumachen. Schon ein Blick aus dem Fenster genügt. Sehen Sie doch mal raus! Was sehen Sie? Vielleicht einen Baum, der im Winter noch kahl und wie tot vorm Haus stand und jetzt wieder voller grüner Blätter ist. Und kein Blatt ist wie das andere. Milliarden von Blättern, jedes Jahr neu von Gott produziert – Wunder der Schöpfung! Vielleicht sehen Sie aus Ihrem Fenster aber nur einen hässlichen Strommast aus grauem Stahl, der die Drähte hält, die das Landschaftsbild verschandeln. Aber auch das ist doch ein Wunder von Gottes Schöpfung. Zwar von Menschen konstruiert, aber das ist ja gerade das Lobenswerte, dass Gott die Menschen mit Erfindungsreichtum, Erkenntnis und Geschick begabt hat, um die raffiniertesten Wunder der Technik zu schaffen, und da ist die Energieversorgung ja noch das Harmloseste. Wobei ich Ihnen mal verraten muss, dass ich im Winter jeden Morgen Gott dankbar bin, dass die Bude warm ist, wenn ich aufstehe. Wissen Sie, ich stamme aus der Zeit der Kohleöfen. Früh, im Kalten, Dunkeln, die Asche rausholen (Dreck und Staub überall), die Kohlen in den Ofen schichten, anzünden, und dann lange warten, bis es endlich allmählich warm wird. Da finde ich es herrlich, in einer Zeit zu leben, wo das vorbei ist. Da bin ich Gott einfach dankbar. (Ich muss also das Gotteslob nicht erst dadurch anheizen, dass ich eine Lobpreis-CD in meinen CD-Spieler schiebe, um mich in die richtige Lobpreisstimmung versetzen zu lassen.) Es stimmt natürlich – man ist nicht immer in der richtigen Stimmung. Aber genau das ist ja nun gerade das Frappierende: Die miese Stimmung verfliegt, wenn man anfängt Gott zu danken. Das müssen Sie mal ausprobieren! Gerade wenn Sie in mieser Stimmung sind, dann denken Sie darüber nach, wofür Sie Gott trotzdem danken könnten. Denken und danken hängt nämlich zusammen. Ich sage Ihnen, wenn man da erst mal anfängt, ernsthaft darüber nachzudenken, wofür wir Gott alles danken können, da findet man ja kein Ende. Und selbst wenn Sie so krank, elend, unglücklich und schlecht drauf sind, dass Ihnen mehr nach Klagen als nach Loben zumute ist – na, dann danken Sie doch Gott wenigstens dafür, dass Sie ihm auch Ihre Not klagen können. Das gehört schließlich auch zur Herrlichkeit Gottes, dass er kein Schönwettergott, sondern auch für die Regentage zuständig ist.

»Lobt Gott für seine mächtigen Taten.« Ich habe jetzt ein paar davon genannt. Aber was ist seine größte Tat? Man könnte einfach sagen: die Erschaffung der Welt. Diese Tat ist ja mit unseren beschränkten Gehirnen nicht im entferntesten nachzuvollziehen. Die Wunder der Schöpfung übertreffen haushoch alles, was sich der Mensch in seiner Fantasie ausdenken kann. Aber es gibt noch eine Tat Gottes, die größer ist als seine Schöpfung. Das ist die Sendung seines Sohnes Jesus. Die Bibel sagt: »Denn Gott hat die Welt so sehr geliebt, dass er seinen einzigartigen Sohn hingab, damit jeder, der an ihn glaubt, nicht verloren geht, sondern das ewige Leben hat« (Johannes 3,16). Jesus stirbt am

Kreuz für unsere Sünde, an unserer Stelle. Das ist die größte Liebestat der Geschichte. Jesus hat die Strafe Gottes, die uns sündige Menschen treffen müsste, wie ein Blitzableiter auf sich gezogen. Er hat sein Leben geopfert, damit wir leben können. Kennen Sie irgendjemanden, der das für Sie getan hat? Was kann Gott noch mehr tun, um Ihnen seine Liebe zu beweisen? Wenn es etwas auf der Welt gibt, das lobens- und dankenswert ist, dann ist es diese Liebestat Gottes. »Lobt Gott für seine Taten, lobt ihn in seiner großen Herrlichkeit!«

(Gesendet im ERF, 30.04.2006)

Festes Fundament für das Leben

Im Urlaub hab ich einen Freund besucht. Der wohnt an einem See. Alle Häuschen stehen dort ein ganzes Stück vom Ufer entfernt, weil der Uferboden weich und sumpfig ist. Damals war dort gerade so ein Angeber aufgetaucht. Der hatte seine Datsche direkt am Ufer hingesetzt und verbaute allen anderen mit seiner Pranzbude die schöne Aussicht auf den See. Schadenfroh, wie der Mensch nun einmal ist, freuen sich jetzt schon alle aufs nächste Frühjahr, wenn sich der Uferboden gesenkt und das Häuschen Schlagseite bekommen hat.

Jesus ist nicht schadenfroh. Der freut sich nicht, wenn jemand im Leben Mist baut. Er möchte, dass das Haus unseres Lebens fest steht. Denn das Leben ist ja nicht immer so schön wie an Sommertagen. Jeder weiß: im Herbst kommen die Stürme. Jesus war von Beruf Baufacharbeiter. Am Ende seiner berühmten Bergpredigt benutzt er ein Bild vom Hausbau für den Ausbau des Lebens: Die Hauptsache beim Hausbau ist nicht die flotte Fassade, sondern das feste Fundament. Lebensbaumeister Jesus empfiehlt:

Nimm dir meine Worte als Fundament. Dann gelingt dein Leben, dann hat es ewigen Bestand, auch über den Tod hinaus.

(aus: Morgenpost, 30.06.1996)

Gott gibt's (Psalm 19)

2 Der Himmel verkündet die Herrlichkeit Gottes
Und das Firmament bezeugt seine wunderbaren Werke.
3 Ein Tag erzählt es dem anderen,
und eine Nacht teilt es der anderen mit.
4 Ohne Sprache und ohne Worte, lautlos ist ihre Stimme,
5 doch ihre Botschaft breitet sich aus über die ganze Erde
und ihre Worte über die ganze Welt.
Die Sonne wohnt am Himmel, wo Gott sie hingestellt hat.
6 Sie tritt hervor wie ein strahlender Bräutigam
nach der Hochzeit.
Sie freut sich wie ein Held, bereit für den Lauf.
7 Sie geht an einem Ende des Himmels auf
und zieht ihre Bahn bis ans andere Ende.
Vor ihrer Glut kann sich nichts verbergen.
8 Das Gesetz des HERRN ist vollkommen,
es erfrischt die Seele.

Die Ratschlüsse des HERRN sind zuverlässig
und schenken den Unverständigen Weisheit.
9 Die Gebote des HERRN sind richtig und erfreuen
das Herz.
Die Vorschriften des HERRN sind klar und schenken
Einsicht.
10 Die Ehrfurcht vor dem HERRN ist echt und hat für
immer Bestand.

Die Gesetze des HERRN sind Wahrheit,
jedes einzelne ist gerecht.
11 Sie sind wertvoller als das feinste Gold
und süßer als der beste Honig.
12 Sie sind eine Mahnung an jeden, der sie hört,
und wer ihnen gehorcht, den erwartet

…len erkennen,

…huld!
…nschen,
…mich herrschen.
…ein und frei

…nes Mundes
…zens gefallen!
…löser.

…hren lauschen Wis-
…s All. Gibt es dort
…sen? Bisher hat sich
…eltall schweigt. Und
…Sprache und ohne
…tliche Sprache. Die
wunderbare Ordnung des Kosmos bis hin zur kleinsten Blume, der Wechsel von Tag und Nacht und die Strahlen der Sonne bezeugen

alle den allmächtigen Schöpfer der Welt. Deshalb sagt die Bibel an anderer Stelle (Römer 1,20): Jeder, der nicht auf den Gebrauch seiner Vernunft verzichtet, kann aus den Werken der Schöpfung ablesen, dass es Gott gibt.

Diese Erkenntnis, die heute vielen Wissenschaftlern dämmert, ist aber noch kein Glaube. Der beginnt nicht mit Wissen und Kennen, sondern mit »der Ehrfurcht vor dem Herrn« (Vers 10), also der Ehrfurcht vor Gott, dem alle Ehre gebührt. Wenn uns nicht nur die Ordnung des Kosmos beeindruckt, sondern wenn wir auch die Richtlinien Gottes für die Beziehung zu ihm und zu den Menschen schätzen lernen und danach zu leben beginnen.

Selbst wenn heute ein trüber Tag ist, an dem die Sonne hinter den Wolken verborgen bleibt – sie ist da. Und mit ihr tausend Signale vom Dasein Gottes. Der ist übrigens nicht stumm geblieben wie seine Schöpfung. Er hat deutlich geredet durch die Bibel – zuletzt durch seinen Sohn Jesus. Durch den gibt Gott uns die Chance, in den Himmel zu kommen. Gott gibt's.

(aus: mittendrin, 4/2003,
Sonntag, 2. November)

Die Oma kriegt Melissengeist

Der Wert unserer Geschenke richtet sich danach, was uns der andere wert ist. Die Freundin kriegt eine Flasche Chanel Nr. 5. Die Frau eine Flasche Livio-Öl. Die Oma eine Flasche Klosterfrau-Melissengeist. Die Nachbarin, die alte Flasche, kriegt gar nichts. Wer lieb war, kriegt was. Von wem wir nichts haben, der hat nichts von uns zu erwarten.

Bei Gott ist das anders. Der beschenkt alle. Der fragt nicht, wie der Weihnachtsmann, ob wir artig waren, sondern gibt jedem das gleiche Geschenk. Weil er jeden gleich liebt. Er gibt sich selber: Gott wird Mensch. Das feiern wir zu Weihnachten: Dass Gott Mensch geworden ist.

Das ist der absolute Hit: Gott klinkt sich nicht aus, sondern hängt sich bei uns rein. Er zieht sich nicht in einen himmlischen Schmollwinkel zurück. Er sagt nicht, wie der letzte sächsische König: »Macht euren Dreck alleene.« Sondern er, der König der Welt, kommt im Dreck eines Kuhstalls zur Welt. Um uns den Dreck unseres Lebens eigenhändig wegzuräumen.

(aus: Morgenpost, 11.12.1994)

Himmelfahrt: Jesus entfernt sich nicht – er nähert sich

Komisch – die gleichen Leute, die zu Weihnachten scharenweise in die Kirche kommen, meiden dieselbe an Himmelfahrt. Wegen naturwissenschaftlichen Bedenken. Wo liegt das Problem? Zu Weihnachten ist Jesus vom Himmel runtergekommen, zu Himmelfahrt ist er wieder rauf.

Der Himmel der Bibel ist kein Ort

Ob nun »Vom Himmel hoch, da komm ich her« oder »Zum Himmel hoch, da geh ich hin« – in beiden Fällen geht's um den gleichen Himmel, nur jeweils in verschiedener Richtung. Das ist aber nicht der Himmel, an dem die Wolken ziehen. Der Himmel der Bibel ist kein Ort, sondern ist dort, wo Gott ist, meint die Dimension Gottes.

Was ein Computer ausgerechnet hat

Ein Computer soll ausgerechnet haben: Wenn Jesus damals mit Lichtgeschwindigkeit abgefahren wäre, wäre er noch 718.000 Jahre unterwegs, um wenigstens bis zum Andromedanebel zu kommen. Wenn mit diesem Rechenexempel etwas bewiesen wurde, dann nur eins: Es ist möglich, dass ein Computer zwar richtig rechnet, das Ergebnis aber trotzdem Blödsinn ist. Jesus ist weder unterwegs zum Andromedanebel oder anderen nebelhaften Gefilden, sondern er ist unterwegs zu dir. Himmelfahrt heißt nicht, dass Jesus sich von dir entfernt, sondern dass er sich nähert. Raumfahrt ist Ortswechsel. Himmelfahrt ist Szenenwechsel. Und es geht nicht darum, ob du dir das vorstellen kannst, sondern ob du dich einstellst auf die neue Szene, die in der Gegenwart spielt. Die Szene, wo Jesus als Mensch auf der Erde lebte, ist vorbei.

Jetzt ist er überall

Jetzt lebt er, wahrer Gott und Mensch, im Himmel. Jetzt ist er nicht mehr in Jerusalem; jetzt ist er überall. Und die Frage von Himmelfahrt ist für dich, wie du jetzt mit Jesus verfährst – ob du ihn reinlässt in dein Leben.

(aus: ideaSpektrum, 22/2003)

Zur rechten Zeit

Hört mich Gott? Hilft mir Gott? Hat der Zeit für mich? Kann ich kleines Krümel überhaupt wagen, mich mit meinen Mini-Problemen an ihn zu wenden? Ist das nicht unbescheiden von mir? Es gibt Leute, die sagen: »Gott ist so hoch erhaben, und ich habe vor ihm einen solchen Respekt, dass ich ihn nicht mit meinen Kleinigkeiten belästigen kann.« Das klingt mächtig fromm, ist aber ganz dumm. Diesen Leuten hat mal einer geantwortet: »Sagen Sie mir, wie erhaben Sie von Gott denken, und ich sage Ihnen, wie wenig Sie in Wirklichkeit an ihn glauben.« Die Größe Gottes besteht ja gerade nicht darin, dass er über allem erhaben ist, sondern dass er für alle offen ist. Nur keine Skrupel! Nur keine falsche Bescheidenheit! Die Tür steht offen. Der Eintritt ist frei. Jesus hat ihn für uns bezahlt. Durch ihn haben wir direkten Zugang zum Herzen Gottes. Der Hebräerbrief Kapitel 4 Vers 16 lockt und lädt uns ein: »Lasst uns deshalb zuversichtlich vor den Thron unseres gnädigen Gottes treten. Dort werden wir Barmherzigkeit empfangen und Gnade finden, die uns helfen wird, wenn wir sie brauchen.«

Auf einem Thron sitzt kein Hampelmann. Da sitzt ein Herrscher. Gott der Herr ist nicht unser Hampelmännchen, bei dem wir am Gebetsfaden zupfen, und schon hebt der automatisch die Hände zum Segen. Gott ist keine Marionette. Er ist eine Majestät. Seine Gnade will uns nicht berieseln, sondern beherrschen. Er will unser Herz, und zwar ganz. Er will unser Leben bestimmen, rund um die Uhr. Wer den Gottessohn Jesus aufnimmt, dem gibt Gott die Macht, sein Kind zu sein. Seine Kinder haben jederzeit Zugang zu seinem Thron.

In meinem Arbeitszimmer habe ich zwar keinen Thron, sondern einen ganz normalen Schreibtischstuhl stehen. Aber wenn ich dort sitze und arbeite, kann nicht einfach jeder reingerannt kommen und sich mit mir unterhalten. Anklopfen wäre das Mindeste. Und oft muss ich sagen: »Jetzt habe ich keine Zeit. Lassen Sie uns einen Termin ausmachen; z.B. nächsten Dienstag 11:00 Uhr.« So läuft das normalerweise.

Und doch gibt es eine Ausnahme. Das sind meine Kinder. Die kommen, ohne auch nur anzuklopfen, einfach in Vaters Amts- und Arbeitszimmer reinmarschiert. Die fragen mich gar nicht, ob ich Zeit für sie habe. Die plappern einfach los. Die dürfen das. Weil sie meine Kinder sind. Die rechnen gar nicht mit der Möglichkeit, dass ich sie nicht anhören, ihnen nicht helfen, sie einfach rausschmeißen könnte. Für die ist klar: Papa macht's. Und da erscheinen die also bei mir im Arbeitszimmer, unterbrechen mich bei einer wichtigen Arbeit und sagen mir ohne lange Einleitung und geschnörkelte Rede, wo sie der Schuh drückt. »Papa, Schuh zubinden!« Na und, was mach ich dann? Ich steige von meinem Schreibtischstuhl runter, bücke mich und binde den Schuh zu.

Und genau das erleben die Kinder Gottes, wenn sie mit Zuversicht vor den Thron ihres himmlischen Vaters treten und ihm sagen, wo der Schuh drückt. Denn was sie am Thron bekommen, ist Barmherzigkeit. Die haben wir nötig. Denn wir sind Gottes ungezogene Kinder. Immer machen wir Sachen, die dem Vater im Himmel nicht gefallen. Die Bibel nennt das Sünde. Egal, wie viel, wie oft und wie schwer wir sündigen – wir können, wenn wir bereuen, Vergebung bekommen. Das ist Barmherzigkeit. Das ist Gnade. Und es ist niemand anders als der Teufel, der uns einreden will, wir hätten es zu schlimm getrieben und hätten deshalb bei Gott keine Chance mehr. Oder wir seien zu alt und es sei für Reue und Umkehr zu spät. Wir können Barmherzigkeit empfangen, wenn wir uns mit Zuversicht an Gott wenden.

Das gilt nicht nur für das, was hinter uns liegt, sondern auch für die Zeit, die vor uns liegt. Wir werden ja immer wieder in Situationen kommen, in denen wir hilflos sind und Gottes Hilfe brauchen. Das wird spätestens an unserem letzten Tag der Fall sein, und dann am letzten Tag der Welt, wenn alle Welt vor Gottes Richterthron erscheinen muss. Auf diese Situationen müssen wir vorbereitet sein. Sie kommen ja auf alle Fälle. Die Frage ist also nur: Wie kommen wir durch, durch Todesstunde und Gericht?

Ohne Gottes Hilfe wird es ein schweres Sterben. Ohne Gottes Gnade droht der ewige Tod. Aber Gott sei Dank hat der himmlische Vater für seine Kinder ein anderes Angebot: Gnade. Deshalb werden wir heute im Hebräerbrief aufgefordert, uns jetzt schon beim Thron zu melden, wo wir »Barmherzigkeit empfangen und Gnade finden, die uns helfen wird, wenn wir sie brauchen«. Aber jetzt haben wir erst mal den heutigen Tag vor uns. Der muss gelebt und bewältigt werden. Wie gut, dass wir uns in jeder Lage und mit jedem Problem an den Allmächtigen wenden können. Den Zeitpunkt und die Art seiner Hilfe können wir ihm nicht vorschreiben. Aber mit seiner Hilfe können wir jederzeit rechnen.

(aus: Wort zum Tag, 10.04.2002)

Beim Ersten und Letzten ganz allein

»Dein Wille geschehe.« (Matthäus 26,42)

In Gethsemane kämpft Jesus den härtesten Kampf seines Lebens. Er kämpft darum, sich und seinen Willen dem Willen Gottes zu ergeben. Er soll, so ist es der Wille Gottes, die Sündenlast der ganzen Menschheit auf seine Schultern nehmen und ans Kreuz tragen. Und davor hat er Angst. Todesangst. Er fängt an am ganzen Leibe zu zittern, er schwitzt Blut vor Angst. Noch nie haben seine Jünger ihn so gesehen. Bisher kannten sie ihn nur als den Wundertäter, den Tröster, den Sieger über Dämonen, den Sohn Gottes, den Herrn der Lage – den Herrn. Und jetzt sehen sie ihn, wie er mühsam lernt gehorsam zu sein. Die größte Liebestat der Geschichte – der Tod des Gottessohnes am Kreuz – war eine Gehorsamstat.

Die Jünger sehen Jesus vor Angst zitternd, verzweifelt, fertig. Jetzt braucht er selber Trost. Jetzt braucht er seine Freunde. Die kön-

nen ihm zwar auch nicht helfen, die können nicht mal begreifen, was eigentlich los ist.
Aber eins könnten sie: bei ihm bleiben. Seine Bitte: »Bleibt hier und wacht mit mir.« Sein Schock: Als er vom Gebet aufsteht, sind seine Jünger eingeschlafen. Jesus kämpft mit Gott um Leben und Tod, und seine Jünger kämpfen mit dem Schlaf. Jesus: »Konntet ihr nicht wenigstens eine Stunde mit mir wach bleiben?« Das ist doch nicht zu viel verlangt. Für die Jünger war's zu viel. Ihnen fielen die Augen zu. Als Jesus wieder gebetet hat: »Dein Wille geschehe«, sind sie wieder eingeschlafen. Es gibt Situationen, in den ist man absolut einsam. Das ist in der Stunde des Todes und der Stunde der Bekehrung genauso. Den letzten Schritt in den Tod und den ersten Schritt ins Leben mit Gott geht jeder ganz allein. Wenn es ums Sterben geht und wenn es ums Leben geht, sind wir allein. Beides, das Sterben und das Leben, geht nur gut, wenn wir sagen können: Vater, dein Wille geschehe.

(aus: ideaSpektrum, 12/2002)

Am Jüngsten Tag ist nur noch eins aktuell

Himmel und Erde werden vergehen. Niemand kann sich das vorstellen. Aber Jesus sagt es uns, damit wir uns darauf einstellen. Also könnten wir das Wort »unvergänglich« streichen. Es gibt keine unvergänglichen Bauten, keinen unvergänglichen Ruhm. Was es gibt, gibt es irgendwann nicht mehr.

Jesus nennt nur eine einzige Ausnahme: »Meine Worte aber werden nicht vergehen.« Ausgerechnet Worte! Was sind schon Worte? Millionen, Milliarden werden täglich gesprochen, gequasselt, geschrieben, gedruckt, gesendet.

Nicht alles, was wir heute hören, ist falsch. Aber vieles davon ist morgen unaktuell, übermorgen ungültig und am Jüngsten Tag unnütz.

An dem Tag, an dem Jesus zum Gericht wiederkommt, ist nur eins aktuell: Sein rettendes Wort. Zum Beispiel: »Wer meine Botschaft hört und an Gott glaubt, der mich gesandt hat, der hat das ewige Leben.« Alles andere ist Flugsand.

(aus: Morgenpost, 26.11.1995)

Jesus von Nazareth

Wie kann ein Mensch der Sohn Gottes sein?

Gott hat es sich so ausgedacht und gemacht. Das ist die einzige Erklärung. Es gibt keine andere. Für den Verstand des ungläubigen Menschen ist diese Antwort ebenso unannehmbar wie für den gläubigen Moslem. Dass Gott einen Sohn haben könnte, ist für ihn nicht nur unvorstellbar, sondern Gotteslästerung. Deshalb lässt der Koran Jesus nur als Prophet Gottes, aber nicht als seinen Sohn gelten. Nirgends zeigt sich der antichristliche Charakter des Islam deutlicher als an dieser für uns Christen zentralen Stelle. »Er, der das Wort ist, wurde Mensch und lebte unter uns«, sagt die Bibel (Johannes 1,14). Mit diesem Satz steht und fällt unser Glaube. Er bedeutet: Gott wurde Mensch. Und das heißt weiter: Der Mensch Jesus ist Gott. Alles andere ist unchristliches Geschwafel.

Jesus: Für wen haltet ihr mich?

Als Jesus einmal seine Jünger fragte, für wen ihn die Leute so halten würden, da kamen lauter falsche Antworten. Schließlich sagte Petrus: »Du bist der Christus, der Sohn des lebendigen Gottes« (Matthäus 16,16). Das war die richtige, die einzig richtige Antwort. Und Jesus bestätigt: Da konntest du nicht von selber draufkommen; das kannst du nur so sagen, weil es dir der Vater im Himmel gesagt hat.

Warum wurde Gott Mensch?

Dieser Sachverhalt ändert aber nichts daran, dass auch gläubige Christen, die das völlig anerkennen, sich über die Frage Gedanken machen: Warum hat Gott das so gemacht? Einer der bedeutendsten Theologen des Mittelalters, Anselm von Canterbury, behandelte diese Frage in seinem berühmten Buch »Warum Gott Mensch wurde« (Cur deus homo). Bis heute lässt uns diese Frage nicht los: Wieso ging Gott ausgerechnet diesen Weg? Als Kind, als Mensch, als Gekreuzigter? Ging es denn nicht auch anders? Weniger ärmlich, weniger blutig, weniger anstößig? Die Ungeheuerlichkeit des Anfangs, dass der große Gott ein kleiner Mensch wird, als dessen einziges Erkennungszeichen ein paar Windeln genannt werden, findet ihre Fortsetzung in weiteren Ungeheuerlichkeiten: Von der eigenen Familie wird er für verrückt, von Theologen zum Beelzebub, von seinen Richtern zum Gotteslästerer erklärt. Er endet als Verbrecher am Galgen auf der Müllkippe von Jerusalem. Nur als sie ihn für tot erklärt haben, hat es dann nicht mehr hingehauen, denn nach drei Tagen war er schon wieder da und gab seine Regierungserklärung ab: »Mir ist alle Macht im Himmel und auf der Erde gegeben« (Matthäus 28,18).

Er hat es so gemacht

Wenn der große Gott, der das Universum geschaffen hat und lenkt, auf keine andere Idee gekommen ist zur Erlösung der Menschheit, als sich als Mensch auf den Leidensweg zum Kreuz zu machen, hat es wohl wenig Sinn, wenn wir kleinen Geschöpfe uns Gedanken machen, wie es Gott nach unserer Meinung vielleicht anders oder besser hätte machen sollen oder können. Es wurde so gemacht, wie es Gott sich ausgedacht und beschlossen hat, und damit basta. Und das Beste ist immer, dem Wort Gottes so zu glauben, wie es dasteht. Und in der Bibel steht, dass eine Stimme vom Himmel herab sprach: »Dies ist mein geliebter Sohn, an ihm habe ich große Freude« (Matthäus 3,17).

Mag es für uns unvorstellbar, ungeheuerlich, unfassbar sein – seit wann sind unser Fassungsvermögen, unsere theologische Vorstellungskraft und unser Gefühlsvolumen der Maßstab für Gottes Handeln und Wirklichkeit? Hören wir doch endlich auf, mit unseren Maßstäben Gottes heilsgeschichtliches Handeln auf das

Reißbrett unserer sogenannten vernünftigen Erfahrungen pinnen zu wollen. Vernünftig, also unserem realen Zustand als verlorenen Sündern angemessen, ist doch nur eins: Dem großen Gott voller Staunen und Anbetung dankbar zu sein, dass er eine Lösung für unsere Erlösung gefunden hat.

Es ist seine Liebe

Worum es hier geht, ist doch nichts anderes als Liebe. Es geht um etwas, das mit Vernunft weder etwas zu tun hat noch zu beschreiben oder zu fassen ist. Wenn es einen einzigen denkbaren Grund gibt, der die Ungeheuerlichkeit erklärt, warum Gott Mensch wurde und den ganzen Stress von der Geburt bis zum Tod auf sich genommen hat, dann gibt es nur eine Antwort: Liebe. »Denn Gott hat die Welt so sehr geliebt, dass er seinen einzigen Sohn hingab, damit jeder, der an ihn glaubt, nicht verloren geht, sondern das ewige Leben hat« (Johannes 3,16).

Liebe muss und kann nicht begründet werden. Sie ist einfach da. Sie geschieht. Wenn ein junger Mann zu einem jungen Mädchen sagt: »Ich liebe dich«, dann fragt das Mädchen doch nicht zurück: »Warum?«

Also lassen wir es doch bei der staunenden Dankbarkeit, dass der Chef des Universums uns liebt, dass seine Liebe da ist, in unsere Geschichte eingegangen ist.

(aus: Frohe Botschaft,
Evangelisches Monatsblatt,
19. August 2001)

Herzlichen Glückwunsch!

Mit oder ohne Gott, Ja oder Nein – es gibt nur zwei Möglichkeiten. »Das ist zu einfach! Das ist Schwarz-weiß-Malerei! Das Leben ist viel vielfältiger!« So ertönt der Protest der Leute, die sich nicht entscheiden wollen. Aber die Bibel redet in solchen harten Gegensätzen: Gerettet – verloren. Licht – Finsternis. Weg zur Verdammnis – Weg zum Leben. Wo es ums Leben geht, geht's immer ums Ganze. Man kann nicht bloß ein bisschen schwanger sein. Man kann nicht bloß ein bisschen wiedergeboren sein. Man kann nicht gleichzeitig auf zwei Wegen gehen.

Wo gehst du? Wo stehst du? Wie oft hast du bei Leuten herumgehockt, die auf der Kirche herumgehackt haben? Wie oft hattest du keine Lust, die Bibel zu lesen und danach zu leben? Aber jetzt, in dieser Minute, liest du das Wort Gottes und denkst darüber nach. Herzlichen Glückwunsch! Du gehörst zu den Beneidenswerten, denen die Bibel gratuliert: Wohl dir! Du stehst auf der richtigen Seite. Du gehst auf dem richtigen Weg. Bleib dabei!

Unsere Verlegenheit ist Gottes Gelegenheit

»Schließlich konnte die Frau ihren Sohn nicht länger verstecken. Da nahm sie einen kleinen Korb aus Schilfrohr, dichtete ihn mit Erdharz und Pech ab und legte das Kind hinein. Dann setzte sie den Korb ins Schilf am Nilufer.« *(2. Mose 2,3)*

Anordnung von Pharao Ramses: »Alle neugeborenen Judenjungen sind zu töten.« Ein Paar erwartet ein Kind. Die Frage ist: Kann man es unter diesen Umständen – der Versklavung Israels in Ägypten – überhaupt verantworten, ein Kind in die Welt zu setzen? Und wenn es ein Junge wird? Es wird ein Junge! Er, der spätere Mose, wird erst im Haus ver- und später von seiner Mutter in einen Kasten gesteckt. Als Mini-Arche wird das Kästchen im Schilf am Ufer des Nils deponiert. Das ist so irre, dass jeder vernünftige Mensch sagen muss: So kann man doch das Kind nicht retten! Ist die gute Frau denn von allen guten

Geistern verlassen? Keineswegs. Denn sie überlässt ihr Kind nicht seinem Schicksal, sondern seinem Schöpfer. Sie hatte alles getan, was sie konnte. Sie hatte mehr getan als alle anderen Mütter damals. Aber jetzt kann und weiß sie nicht mehr weiter.
Es gibt Situationen, da gibt es einfach nichts mehr zu tun. Da ist man am Ende. Da kann man nichts machen. Aber Gott kann etwas daraus machen. Deshalb ist es in solchen Situationen so wichtig, Vertrauen zu ihm zu haben. Geben Sie nie auf! Geben Sie alles aus der Hand, und überlassen Sie alles Handeln Gott. Er kennt den Weg. Er weiß die Lösung. Er hat die Macht. Ihre Verlegenheiten sind seine Gelegenheiten. Gott fällt immer noch was ein, und wenn es eine badelustige Prinzessin ist. Die lässt sich die Schatulle an Land bringen, klappt den Deckel auf und adoptiert das darinliegende Bürschlein. So erlebt der Glaube Gottes Wunder. Sie gehen so einfach und natürlich zu, dass der Unglaube sie »ganz natürlich« erklären kann. »Zufall« reiht sich an »Zufall«. Nur das Auge des Glaubens erkennt hinter den Kulissen die Hand Gottes, die hier die Regie führt.

(aus: ideaSpektrum, 42/2000)

Von Gott umzingelt

Gott sieht alles. Das ist ja furchtbar! Alle Gedanken durchschaut. Keine Geheimnisse. Keine Intimsphäre. Kein Schlupfwinkel. Totales Ausgeliefertsein an den Superkontrolleur. Diesen Umzinglergott, der meine Sünde schon kennt, bevor ich sie getan habe, kann ich nur hassen. Diesen Fliegenklatschengott, der mich todsicher erwischt, kann ich nur fürchten. Bloß weg von dem!

Aber wohin? Hin zu ihm! Vor Gott kann man nur zu Gott fliehen, indem man sich ihm in die Arme wirft. Da merkt man: Es ist keine Umzingelung, sondern Umarmung. Er ist kein Diktator, sondern Vater. Dem Ungläubigen ist Gottes Allwissenheit ein Frust. Dem Gläubigen ein Trost. Dem Feind Gottes geht der Gedanke an seine ständige Gegenwart auf die Nerven.

Dem Kind Gottes, besonders wenn es mit den Nerven runter ist, ist das eine Stärkung. Was wäre das überhaupt für ein Gott, der nicht alles von uns wüsste? Wir wären elende Kreaturen, wenn wir nicht wüssten: Gott weiß, wie es um uns steht und in uns aussieht. Es gibt keine Situation, in der unser Gott nicht bei uns ist. Jesus sagt: »Ich bin immer bei euch.«

(aus: Berliner Kurier, 26.06.1994)

»Opa« mit Fliegenklatsche?

»Ich weiß, wie unsinnig das Wort vom Kreuz in den Ohren derer klingt, die verloren gehen. Wir aber, die wir gerettet sind, erkennen in dieser Botschaft die Kraft Gottes.« *(1. Korinther 1,18)*

Wie passen das Bild vom strafenden und das vom liebenden, versöhnten Gott zusammen? Überhaupt nicht!? Doch, es geht nicht um das Bild, das wir uns von Gott machen, sondern um die Wirklichkeit Gottes, wie sie uns durch die Bibel deutlich gemacht wird. Das Bild vom liebenden Gott verschwimmt oft zur Karikatur des lieben Gottes. Heinrich Heine hat es vornehm ausgedrückt, dass es ja dessen »Metier« sei, zu vergeben.

Das heißt: »Opa« weiß ohnehin nicht, was so läuft, jedenfalls nimmt er nix krumm. Auf der anderen Seite: Was soll denn das für ein Gott sein, der zum Beispiel Gebote erlässt, aber ihre Übertretung ungestraft lässt? Also muss er doch einer sein, der nicht bloß zuguckt, sondern zuhaut. Mit diesem Gottesbild landen wir bald beim Schreckensbild des »Fliegenklatschengottes«.

Also wie denn nun? Ist er beides: »Opa« mit der Fliegenklatsche? Dieses Gottesbild ist eine noch läppischere Verzerrung der Wirklichkeit als Salvador Dalis lappenhaft hängende Uhren, die die Zeit nicht mehr klar anzeigen. Die Wirklichkeit, wie sie uns die Offenbarung der Bibel zeigt, ist so: Gott ist heilig. Seine Heiligkeit verlangt Bestrafung der Sünden der Menschen. Damit passt aber nicht zusammen, dass die Bibel sagt: »Gott ist Liebe.« Das Problem ist logisch nicht lösbar.

Gott hat es trotzdem gelöst. Nicht mit Logik, sondern mit Liebe: am Kreuz. Dort treffen Strafe und Liebe in einem Punkt zusammen: Jesus. Gott vollzieht die Strafe an seinem Sohn. Was von uns aus unvorstellbar ist, ist bei Gott möglich. Kein Mensch konnte das Kreuz erfinden. Da konnte nur Gott draufkommen. Gott sei Dank!

(aus: ideaSpektrum, 13/1999)

Gott im Schlussverkauf

»Als er eine Perle von großem Wert entdeckte, verkaufte er alles, was er besaß, und kaufte die Perle.« *(Matthäus 13,46)*

Schnäppchenjäger gibt's auch auf dem religiösen Markt. Die suchen Gott zu gesenkten Preisen. Den lieben Gott, der nur aufzupassen hat, dass man keinen Schnupfen kriegt und keiner das Auto klaut. Den Kuschel-Jesus, der alles versteht, alles verzeiht und nichts verlangt. Jedenfalls keinen Gehorsam. Der schon mit ein bisschen Christlichkeit zufrieden ist. Die suchen die Billig-Gnade: Vergebung ohne Reue. Die folgenlose Nachfolge: Kirchenzugehörigkeit ohne Bekenntnis und Leiden.

Aber bei Gott gibt es keinen Winterschlussverkauf. Sein Angebot ist nicht saisonbedingt. Das Lebensmittel, das er uns anbietet, hat kein Verfallsdatum. Das Outfit, das er uns bereithält, wird nie unmodern. Der Glaube, die Liebe und die Hoffnung sind Werte, die nie verfallen, egal, wie die Aktienkurse ausfallen. Das alles fasst Jesus zusammen mit dem Begriff: Reich Gottes. Und er vergleicht es mit einer kostbaren Perle. Die findet man nicht auf dem Wühltisch zwischen Räucherstäbchen und Tempelglöckchen. Die muss gesucht und bezahlt werden. Wer sie haben will, muss alles andere dafür hergeben. Alles!

Diesen Preis kann jeder zahlen. Egal, wie viel oder wie wenig er hat. Gott verlangt immer von allen den gleichen Preis: Unser ganzes Leben. Mit Leib und Seele. Die Beziehung zu Gott ist kein Geschäft: Ich erfülle deine Gebote, du meine Gebete. Es geht um eine Liebesbeziehung! Eine Herzenssache. Deshalb ist Gott gegen jede Halbherzigkeit. Halbe Sachen mit Gott haben keinen Sinn. Aber mit Gott ganze Sachen machen – das ist der Sinn des Lebens. Wer den ganzen Preis zahlt, also wer Gott die Nummer eins sein lässt, der hat was fürs Leben. Hält ewig!

(aus: ideaSpektrum, 6/1999)

Hauptsache gesund?

Die meisten Menschen, auch viele Christen, stehen auf dem Standpunkt: Hauptsache gesund. Jesus sagt: »Hauptsache ist die Sündenvergebung.« Das heißt nicht, dass Jesus die Gesundheit für unwichtig hält. Im Gegenteil, er kümmert sich um die Gesundheit eines Gelähmten – mehr als alle anderen, so lesen wir in Markus 2,1-11.

Natürlich weiß Jesus, wie wichtig für den Gelähmten die Gesundheit ist, deshalb macht er ihn ja gesund und gibt ihm seine gesunden Knochen wieder. Aber er macht ihn eben erst gesund, nachdem er ihm die Sünden vergeben hat. Denn Gesundsein ohne Gerettetsein ist nicht das Gelbe vom Ei. Das ist wie vergnügt in einem Boot zu sitzen, das ein Loch hat und demnächst untergeht. Selbst wenn du noch so gesund lebst, wirst du sterben. Und wenn dir dein regelmäßiger Stuhlgang wichtiger ist als ein regelmäßiger Kirchgang, dann gehst du ab zur Hölle. Das Problem deiner Gesundheit ist mit dem Tag des Todes erledigt. Aber das Problem deiner Sünde ist mit dem Tag deines Todes nicht erledigt. Im Gegenteil: Denn wenn du in dieser Welt durch die Sünde von

Gott getrennt warst, wirst du auch in der zukünftigen Welt von Gott getrennt sein. Und von Gott getrennt sein – das ist die Hölle. Deshalb sagt Jesus: »Lieber mit einem Auge im Himmel als mit zwei Augen in der Hölle.« In Markus 9,43 steht: »Es ist besser, mit nur einer Hand in den Himmel einzugehen, als mit zwei Händen in das Feuer der Hölle zu kommen.« Ich kenne einen Mann, der sitzt schon seit Jahrzehnten im Rollstuhl. Der hat einmal zu mir gesagt: »Lieber gelähmt im Rollstuhl mit Jesus als gesund draußen rumlaufen ohne Jesus.« Dieser Mann hat begriffen, dass ein geheiltes Gewissen wichtiger ist als heile Knochen, dass der Friede mit Gott mehr wert ist als die Freuden der Gesundheit. Das wollte Jesus an dem Mann auf der Matratze demonstrieren. Außerdem wusste er, dass Krankheit von Gott weder geschaffen noch gewollt ist, sondern dass Krankheit eine Folge der Sünde ist, und deshalb gibt er ihm erst die Vergebung der Sünden und dann die Gesundheit.

> *»9Ist es leichter, zu dem Gelähmten zu sagen, ›Deine Sünden sind dir vergeben‹ oder ›Steh auf, nimm deine Matte und geh‹? 10Ich werde euch beweisen, dass der Menschensohn auf der Erde die Vollmacht besitzt,*

Sünden zu vergeben.« Und er wandte sich dem Gelähmten zu und sagte zu ihm:
[11]»Steh auf, nimm deine Matte und geh nach Hause, denn du bist geheilt!« [12]Der Mann sprang auf, nahm die Matte und bahnte sich einen Weg durch die Menge. Da lobten sie alle Gott. »So etwas haben wir noch nie gesehen!«, riefen sie.

(Markus 2,9-12)

»Ich werde euch beweisen, dass der Menschensohn auf der Erde die Vollmacht besitzt, Sünden zu vergeben«, sagt Jesus – das ist der Schwerpunkt der Geschichte. Wir alle wissen, dass Jesus Sünden vergeben kann, und da das nur Gott selbst kann, sollen wir alle wissen, dass Jesus Gott selbst ist. Es geht um Jesus! Wo Jesus redet oder wo von ihm geredet wird, geht es immer um ihn. Und es geht um die Entscheidung für oder gegen Jesus. Egal, ob du zum x-ten Mal oder zum ersten Mal dies liest – ich bitte dich: Wenn du deine Sünde loswerden willst – dann komm zu Jesus.

(aus: Friedensbote, 131. Jahrgang, Nr. 9/1998)

Das Prinzip der Jesus-Bewegung

Der Schock kam, als die Frauen zum Grab gingen. Jesus, der Tote, war nicht zu Hause! Normalerweise haben Tote ja keinen Ausgang, sondern sind jederzeit anzutreffen. Aber Jesus hatte sein Grab verlassen. Hatte dem Tod die Tür aus den Angeln gehoben und war gegangen, um für jedermann da sein zu können.

Was die Frauen sahen, war ein leeres Loch. Da hatte Jesus gelegen. Mundtot, mausetot. Da sollte und konnte keiner mehr dran rütteln. Die Jesus-Bewegung war erledigt. Und jetzt ist der Tote schon wieder auf Achse!

Kommentar eines Engels zu den Frauen: »Ihr sucht Jesus von Nazareth, der gekreuzigt wurde. Er ist nicht hier! Er ist von den Toten auferstanden!«

Gräber öffnen kann jeder Grufty. Aber uns ins Leben rausholen aus unserem Grab – das kann nur Jesus. Wer vor ihm niederfällt, den wird er aufheben. Auferwecken. Nicht erst am Tag unserer Auferstehung, sondern heute schon. Er holt uns aus dem Grab der Hoffnungslosigkeit und Resignation. Aus der Grube von Angst und Frust. Wer jetzt an den Auferstandenen glaubt, fürchtet sich nicht. Dann geht's aufwärts.

(aus: Morgenpost, 12.05.1996)

Was bringt's?

Jeder will etwas von uns: unsere Stimme, Spende, Mitgliedschaft, Aufmerksamkeit. Jeder bietet uns etwas: Gehaltszunahme, Gewichtsabnahme, Gebührenausnahme. Was hat Gott eigentlich zu bieten? »Was hab ich davon, wenn ich Christ werde?« Ich kenne kein Buch, keine Religion, keine Philosophie, keine Partei, die so nüchtern vom Menschen redet wie die Bibel. Da wird die Frage »Bringt's was?« klar beantwortet: mit einem »Ja. Ja, es gibt einen Lohn: das ewige Leben!«. Ist das etwa nichts?

Das ewige Leben fängt an in dem Augenblick, in dem Sie mit Jesus anfangen. Er hat gesagt: »Ich bin gekommen, um euch ein Leben zu bringen, das euch rundum genügt.« Er will Ihnen dabei helfen, indem er eine Geschichte erzählt: Ein Arbeitgeber kommt früh um sechs auf den Arbeitsmarkt und bietet freie Arbeitsstellen an. Mehrmals am Tag wiederholt er sein Angebot und holt jedes Mal neue Arbeitskräfte. Am späten Nachmittag findet er immer noch ein paar Männer, die arbeitslos herumhängen. Er stellt sie eben für die letzte Stunde ein und zahlt ihnen den gleichen Lohn, den die andern auch bekommen. –

Ein Gleichnis für Gott: Jeder, der zu ihm kommt, bekommt das Gleiche: das ewige Leben. In dieser Geschichte spricht der Boss die letzten Arbeitslosen an: »Wieso habt ihr nichts zu tun?« Antwort: »Uns wollte keiner haben.« Vielleicht ist es Ihnen bisher so gegangen wie diesen Männern, die den ganzen Tag Pech hatten. Auf der Suche nach dem Sinn des Lebens, nach einem lohnenden Leben, haben Sie vielleicht alles Mögliche ausprobiert … aber nichts hat so richtig geklappt. Die Idee des Sozialismus hat Sie begeistert, aber jetzt sehen Sie, dass Sie betrogen wurden. Sie haben das schnelle Geld durch ein Betrugsgeschäft gemacht, aber jetzt brennt Ihnen das Geld in den Händen. Sie haben gesucht in Konzerten und Discos, in Büchern und Philosophien, in Schnapsgläsern und fremden Betten, aber Ihre Sehnsucht blieb unbefriedigt. Vielleicht waren Sie mal auf dem religiösen Trip, haben einem Guru vertraut oder Sekten, aber nirgends gefunden, was Sie suchten. Und jetzt stehen Sie vor einem Trümmerhaufen und wissen nicht, was Sie noch mit Ihrem Leben anfangen könnten.

Fangen Sie an bei Jesus! Egal, was hinter Ihnen liegt an missglückten Versuchen, Pleiten und Sünden: Vor Ihnen liegt ein neues Leben! Vielleicht geht es Ihnen so wie den Männern in der Geschichte, die resigniert rumhängen und sagen: »Uns wollte keiner!« Das Traurigste ist, dass Millionen Menschen heute genau das feststellen müssen. »Mich will keiner!« Zum Beispiel die Arbeitslosen. Oder die, bei denen es mit der Abtreibung nicht geklappt hat, die von ihren eigenen Eltern nicht gewollt und nicht geliebt wurden. Oder die, die sich selber nicht leiden können. Wenn Sie so einer sind, sind Sie bei Jesus richtig. Wenn Sie zu den armen Schweinen gehören, die keiner haben will – einer will Sie haben. Gott will Sie. Er nimmt Sie auf der Stelle!

(aus: Jedermann, März 1993/151)

Der Stammbaum von Jesus ist nicht astrein

Jeder anständige Hundebesitzer legt Wert auf einen astreinen Stammbaum. Promenadenmischung ist nicht gefragt. Der Stammbaum von Jesus ist nicht astrein. Da kommen ein paar äußerst fragwürdige Gestalten vor. Zum Beispiel die Hure Rahab. Wohnhaft in Jericho, der ältesten Stadt der Welt, arbeitete sie im ältesten Gewerbe der Welt. Eine Prostituierte, die die Männer auf der Promenade anmachte. Dass aus dieser Promenadenmischung ein Kind Gottes werden könnte, war bei der Lage der Dinge nicht zu erwarten. Aber als sie von Gott hörte, bekehrte sie sich. Sie wechselte sofort den Beruf und wurde Teppichweberin – vom Gunstgewerbe zum Kunstgewerbe.

Viele sehen in Jesus weiter nichts als den Sohn von Menschen. Die stört das Strichmädchen im Stammbaum genauso wie sein Tod am Stamme des Kreuzes. Andere sehen in Jesus den Sohn Gottes. Für die enthält schon sein Stammbaum eine gute Nachricht: In Gottes Familie dürfen Menschen rein, die nicht astrein sind. Erfreuliche Nachricht für Freu-

denmädchen und alle, die schon in fremden Betten gelegen haben. Es gibt bei Gott Vergebung!
Wenn er die Hure Rahab in seine Familie aufgenommen hat, nimmt er auch dich auf. Je verkommener du bist, umso willkommener bist du. Kein Mensch ist Gott zu gut, zu schlecht, wer zu ihn kommt, der ist ihm recht. Gott will alle.

(aus: Morgenpost am Sonntag, Berlin, 17.05.1992)

Liebe auf Befehl?

Jesus Christus spricht: »Ich gebiete euch, einander so zu lieben, wie ich euch geliebt habe.« *Johannes 15,12*

Liebe auf Befehl – seit wann gibt's denn so was? Gefühl auf Knopfdruck – das geht doch überhaupt nicht! Nein, das geht tatsächlich nicht. Liebesgefühle sind weder durch menschliche noch durch göttliche Anordnungen anzukurbeln. Aber wer spricht hier eigentlich von Gefühlen? Jesus jedenfalls nicht. Wir sind es, die diesen Begriff jedes Mal ins Spiel bringen, wenn von Liebe die Rede ist. Sobald wir dieses Wort hören, kriegen wir Gefühle. Oder denken zumindestens an ein Gefühl. So geht es uns auch dann, wenn Jesus von Liebe redet, und das ist der Grund, warum wir Schwierigkeiten haben, ihn zu verstehen. Denn die Liebe, die Jesus meint, hat mit der sentimentalen oder sexuellen Spielart von Liebe nichts zu tun. Bei ihm ist die Liebe keine Gefühlsangelegenheit, sondern Sache des Gehorsams. Deshalb nennt er zwei Begriffe in einem Atemzug, die sich nach unseren Begriffen ausschließen: Gebot und Liebe. Zwei Verse vorher sagt er: »Wenn ihr mir gehorcht, bleibt ihr in meiner Liebe.« Und im 1. Johannesbrief Vers 3, steht: »Gott zu lieben heißt, seine Gebote zu befolgen.« Klare Gebote statt schwüle Gefühle!

Ein boshafter Mensch hat einmal gesagt: »Liebe ist hormonal bedingtes Irresein.« Bei Jesus ist lieben eine sehr nüchterne Angelegenheit. Das geht auch aus dem Zusammenhang unseres Bibelwortes und vor allem aus dem Leben von Jesus hervor. Er fährt fort: »Die größte Liebe beweist der, der sein Leben für die Freunde hingibt.« Das ist es doch, was er selbst getan hat! Das war doch der große Beweis seiner Liebe, dass er sein Leben für uns am Kreuz geopfert hat.

Nichts auf der Welt ist härter und nüchterner als das Kreuz. Als Erich Mielke, dem Chef der Stasi, seine Gefühle außer Kontrolle gerieten, da entfuhr ihm der berühmt gewordene Satz: »Ich liebe euch doch alle!« Aus dem Munde dieses Mannes, eines des Mordes angeklagten Menschenschinders, ein Hohn!

Aus dem Munde des Mannes aus Nazareth, der unschuldig ermordet wurde, klingt eine Liebeserklärung ganz anders. Es ist ja immer entscheidend, wer etwas sagt. Und der hier sagt: »Liebt einander, wie ich euch geliebt habe«, war kein Geheimdienstchef, dessen Leben niemandem bekannt ist, sondern er war der Sohn vom Chef der Welt. Sein Leben spielte sich in aller Öffentlichkeit ab. Jeder konnte nachprüfen: Hinter seinen Worten stand bis zu seinem Tod nichts anderes als praktizierte Liebe. Wie gut, dass Gott uns seine Liebe nicht mit theoretischen oder Gefühlsäußerungen, sondern mit praktischen Taten gezeigt hat.

Er hat ja nicht vom Himmel herunter, wie Mielke von der Rednerbühne, irgendwelche Liebesgefühle propagiert. Das wäre nett, aber nutzlos gewesen. Was nützen mir die Sympathieerklärungen eines Gottes, der irgendwo hinter den Wolken hockt? Aber Gott sei Dank ist er vom Himmel heruntergekommen. Er kam in der Gestalt des Menschen Jesus auf unsere Erde. Hier hat er Taten vollbracht, die seine Liebe beweisen. Er ist für dich, an deiner Stelle, am Kreuz gestorben.

Und denke doch ja nicht, dass ihm das leicht gefallen ist. Wenn es nach seinen Gefühlen gegangen wäre, wäre Jesus bestimmt nicht ans Kreuz gegangen. Denn er hat vor dem Sterben Angst gehabt, genau wie jeder von uns. Die Bibel berichtet, wie er in Gethsemane vor Angst Blut geschwitzt hat. Er hat dort seinen

Vater gebeten, den Kelch doch an ihm vorübergehen, also ihn leben zu lassen. Leben wollte er! Er wollte doch mit seinen 30 Jahren nicht sterben. Gleich gar nicht diesen entsetzlichen Tod am Kreuz. Dort kamen ja zu dem Gefühl der Angst noch ganz andere Gefühle, z.B. der Schmerz und das Gefühl der Gottverlassenheit, von der Verlassenheit seiner Jünger ganz zu schweigen. Als er dann doch ans Kreuz ging, hat er gegen seine Gefühle gehandelt. Aus Gehorsam. Denn er beendete seine flehentlichen Gebete, die seine wahren Gefühle ausdrückten, mit dem Satz: »Doch ich will deinen Willen tun, nicht meinen.« Deshalb sagt die Bibel von ihm: »Er war gehorsam bis zum Tod, indem er wie ein Verbrecher am Kreuz starb.« Dort hat er mit letzter Konsequenz demonstriert, was für ihn lieben heißt: Gehorsam den Willen des Vaters tun.

Seine Liebe zu dir besteht nicht aus Gefühlen, sondern aus Tatsachen. Deshalb hat er das Recht, von dir zu verlangen, dass deine Liebe auch nicht aus Gefühlen, sondern aus Taten besteht. »Ich gebiete euch, einander so zu lieben, wie ich euch geliebt habe.« Wir teilen die Menschen ein in liebenswerte und solche, die es nicht wert sind, in sympathische und unsympathische. Für die einen reißen wir uns notfalls ein Bein aus, um die anderen machen wir, selbst wenn sie in Not sind, einen Bogen. Aus dieser fatalen Fehlhaltung kommen wir erst heraus, wenn wir begreifen: Einander lieben ist eine Sache des ganz nüchternen Gehorsams. Wenn es nach unseren Gefühlen ginge, ginge vermutlich kein junger Christ als Pfleger in ein Altersheim. Es gibt auf alle Fälle angenehmere Tätigkeiten, als alte, kranke Menschen zu waschen. Aber Jesus verlangt ja nicht, für ungewaschene Füße alter Leute zu schwärmen, als ob das ein Wohlgeruch wäre. Er verlangt zu waschen, zu pflegen, sich um sie zu kümmern, sie zu lieben. Das ist der Befehl. Und die Überwindung des Ekelgefühls – das ist die Liebe. Jesus sagt: »Betet für die, die euch verfluchen.« Das ist der Befehl. Und die Überwindung des Rachegefühls – das ist die Nächstenliebe. Jesus sagt: »Liebt eure Feinde.« Das ist der Befehl. Und die Überwindung des Hassgefühls – das ist Feindesliebe. Die Liebe zwingt mich also oft, gerade gegen mein Gefühl zu handeln.

Nun wirst du sagen: »Das kann ich nicht.« Du denkst jetzt an deinen Feind, deinen Konkurrenten, an den Menschen , der dir auf die Nerven geht und sagst: »Ich habe es versucht, ihn zu lieben, aber ich schaffe es nicht. Den hasse ich – lieben kann ich ihn nicht.« Das glaube ich dir gerne. Du, von dir aus, kannst das wirklich nicht. Aber Jesus bitten, dir die

Kraft dazu zu geben – das kannst du auf alle Fälle. Und er wird dir helfen, wenn du wirklich seinen Willen tun willst. Z.B. sagt Jesus: »Betet für die, die euch verfluchen.« Also den Menschen, der dich stört, der dir Steine in den Weg wirft und dir absichtlich Böses tut – den sollst du segnen. Ihm im Namen Gottes Gutes wünschen. Hast du das schon mal gemacht? Na, da mach mal! Wenn nachher die Krankenschwester, die dich tyrannisiert, an dein Bett kommt – segne sie. Wenn am Vormittag der Mitarbeiter, der dich terrorisiert, in dein Büro tritt – segne ihn. Wünsche ihm Gutes. Du wirst sehen, wie sich dadurch dein Verhältnis zu ihm ändert. Der andere ändert zunächst nichts. Der bleibt genau der gleiche fiese Stiesel wie vorher. Aber du änderst dich! Einen Menschen, den du im Namen von Jesus gesegnet hast, kannst du nicht gleichzeitig hassen. Er wird dir deswegen nicht sympathischer. Nach wie vor wirst du keine Lust haben, ihm um den Hals zu fallen. Aber, ich sage es noch einmal: Du sollst ja nichts fühlen, du sollst etwas tun. Liebe aus Gefühl kommt von selber. Liebe aus Gehorsam kommt von Jesus. Ihn brauchst du, damit du lieben kannst.

(Sendung des ERF, 1. März 1992, 5.45 Uhr)

Opa auf der Wolke ist mega-out

Das Bild vom Tattergreis auf der Wolkenbank hängt in vielen Museen. Dort gehört es auch hin. Wenn es nach der Bibel grundsätzlich verboten ist, sich von Gott Bilder zu machen – speziell dieses Zerrbild vom alten Mann ist mega-out. Denn Gott ist Feuer. Als Feuer begegnete er Moses im brennenden Dornbusch. Als Feuersäule ging er vor dem Volk Israel wie ein Wegweiser durch die Wüste. Und sein Sohn Jesus sagte, er sei gekommen, um ein Feuer anzuzünden.

Wie konnte es da nur zu dieser kalten Kirche kommen? Weil wir den feurigen Gott mit dem Feiertags-Gott und das gefährliche, verzehrende Feuer mit der harmlosen Sparflamme vom lieben Gott vertauscht haben. Dem genügt es, wenn wir ein bisschen gehorsam, ein bisschen kindlich sind.

Gott ist aber nie mit »ein bisschen« zufrieden. Er will immer alles. Ganz. Auch das Herz des Menschen. Er teilt mit niemandem, denn er ist eifersüchtig. »Denn der Herr, euer Gott, ist ein verzehrendes Feuer, er ist ein eifersüchtiger Gott«, heißt es bei 5. Mose 4,24.

(aus: Sonntagspost Berliner Kurier, 14.03.1993)

Wie versöhne ich mich mit Gott?

Versöhnung setzt Sühne voraus. Sünde, die geschehen ist, muss aus dem Strafregister gelöscht werden. Das hat Jesus am Kreuz erledigt (Kolosser 2,14). Wenn Sie möchten, dass auch Ihr Schuldkonto gelöscht wird, müssen Sie sich an Jesus wenden. Das ist das Einzige, was Sie tun können und was Sie zu tun haben. Alles andere tut er. Die Versöhnung ist seine Idee, sein Werk, sein Angebot, seine Bitte: »Lasst euch mit Gott versöhnen« (2. Korinther 5, 20).

Also: Lassen Sie sich drauf ein! Lassen Sie es an sich geschehen! Lassen Sie es sich gefallen! Glauben Sie, dass er mit seinem Blut für Sie bezahlt hat. Nehmen Sie sein Angebot in Anspruch – sprechen Sie ihn darauf an: »Ich schäme mich für das, was ich dir angetan habe. Es tut mir leid. Ich danke dir für das, was du für mich getan hast.« Für den Versöhnungsakt brauchen Sie weder Helfer noch Zeugen. Jesus genügt.

Es gibt aber über das persönliche Gebet hinaus noch gute Hilfen. Gehen Sie zu einer Gemeinde, zum Heiligen Abendmahl, zu einem Seelsorger, der Ihnen die Vergebung unter Handauflegung zuspricht. In jedem Fall gilt: Glauben Sie!

Ein verpatztes Abendessen

Es soll Leute geben (ich wage kaum, es auszusprechen, aber es ist wirklich so), also es soll welche geben, die sich nicht für Fußball interessieren. Und um die Sache gleich auf die Spitze zu treiben, gebe ich zu, dass ich auch zu diesen Leuten gehöre. Tun Sie mir den Gefallen und lesen Sie trotzdem weiter. Geben Sie mich nicht gleich auf als hoffnungslosen Fall, der für die Fußballwelt für immer und ewig verloren ist. Wer weiß, es soll ja vorkommen, dass einer sich mal überreden und mitschleppen lässt zu einem Fußballspiel. Noch im Stadium der Uninteressiertheit befindet man sich vielleicht eines Tages im Stadion und fängt womöglich Feuer, mutiert vom Verächter zum Fan? Vielleicht reißt es so einen wie mich sogar noch mal vom Sitz hoch und ich höre mich brüllen: Tooor! Was geht hier vor?

Vor ein paar Monaten predigte ich (ich gehöre zur Mannschaft Gottes, Mittelstürmer) in einem kleinen Städtchen sechs Abende lang über Jesus. In dieser Stadt wohnte eine Frau, die ein paar Wochen vorher Christ geworden war. Ihr Ehemann hatte dafür kein Verständnis, sondern nur Spott. Er moserte und motzte gegen die Entscheidung seiner Frau, die er für eine Macke hielt, und ließ kaum eine Gelegenheit aus, sich über ihre neue Leidenschaft lustig zu machen. Und dann kam der erste Abend meiner Vortragsreihe. An diesem Tag hatte die Frau Geburtstag. Ihr Mann hatte sie, wie es sich für einen guten Ehemann gehört, zu einem festlichen Essen eingeladen und in einem Restaurant einen Tisch reservieren lassen. Aber die Geburtstagsfrau wollte nicht essen, sondern in die Kirche gehen! Sie wünschte sich, ihren Festabend dort zu verbringen und einen Predigtvortrag über Jesus anzuhören. Unerhört für den Ehemann, aber es blieb ihm ja gar nichts anderes übrig, als seiner Frau ihren Geburtstagswunsch zu erfüllen. Der Tisch im Nobelrestaurant wurde abbestellt und der maulende Gatte trabte, wie es sich für einen guten Ehemann gehört, mit seiner Liebsten statt in die Kneipe in die Kirche. Und dort kam es dann noch zur Feier des Geburtstages, und zwar seines eigenen! Der Mann wurde ein Kind Gottes, neugeboren! Volltreffer! Tooor! Wie war das möglich?

Tja, wenn ich das wüsste. Ich weiß nur, dass der Mann in seinem Herzen getroffen wurde und sofort eine Entscheidung für Jesus getroffen hat. Ich hatte erzählt, wer Jesus war – aus welcher Familie er stammte, mit welchen Freunden er verkehrte, was er gemacht und gesagt und wie er geendet hatte: an einem Kreuz. Weil nämlich einer für unsere Sünde bezahlen muss. Entweder bezahlen wir dafür in der Hölle, oder Jesus bezahlt für uns am Kreuz. Und genau das hat er gemacht. Wie so ein Blitzableiter hat er die Strafe Gottes, die eigentlich uns sündige Menschen treffen müsste, auf sich gezogen. Am Kreuz hat der heilige Gott unbarmherzig die Sünde gerichtet und bestraft und auf sie eingeschlagen. Aber, unbegreiflicher- und barmherzigerweise hat er die Strafe nicht an dem Schuldigen, sondern an seinem unschuldigen Sohn Jesus vollstreckt. Fasse das, wer will, aber so ist es. Das ist unsere Erlösung. Denn wer sich unter diesen Blitzableiter, also unter den Schutz des Kreuzes von Jesus stellt, den kann das Strafgericht Gottes nie wieder treffen. Der ist gerettet. Erlöst. Frei. Und diese alte Botschaft von dem Sünderheiland am Kreuz, dem Heilmacher für die Kaputtgemachten, hatte den Mann getroffen. Nun hatte ich aber nicht nur über das Kreuz von Jesus gesprochen, sondern auch über unser Kreuz, das wir zu tragen haben. Dieses Thema schlage ich immer gleich am ersten der sechs Vortragsabende an, damit keiner die Illusion hat, der Weg mit Jesus wäre leicht. Nein, er ist nicht leicht, im Gegenteil, er ist schwer. Aber er ist schön, weil es der einzige Weg ist, auf dem man in den Himmel kommt. Also nicht: Wenn du Christ wirst, wirst du keine Probleme mehr haben, sondern: Wenn du Christ wirst, wirst du Probleme kriegen! Das kann vom Unverständnis des Ehepartners über Feindschaft mit der Familie oder mit ehemaligen Freunden bis hin zur Verfolgung und sogar Tötung (wie z.B. in muslimischen Ländern) führen. Jesus hat zu seinen Jüngern von Anfang an ganz offen über solche Möglichkeiten und Konsequenzen gesprochen:

> *»Glaubt nicht, dass ich gekommen bin, um der Welt Frieden zu bringen! Nein, sondern das Schwert. Ich bin gekommen, um den Sohn gegen seinen Vater aufzubringen, die Tochter gegen ihre Mutter und die Schwiegertochter gegen ihre Schwiegermutter. Eure erbittertsten Feinde werdet ihr in der eigenen Familie finden. Wer Vater oder Mutter mehr liebt als mich, der ist es nicht wert, zu mir zu gehören. Wer sich weigert, sein Kreuz auf sich zu nehmen und mir nachzufolgen, ist es nicht wert, zu mir zu gehören. Wer an seinem Leben hängt, wird es verlieren; aber wer es für mich aufgibt, wird es finden.«*

Diese Sätze aus dem Evangelium des Matthäus, Kapitel 10,34ff., habe ich damals vorgelesen. Und auch die Antwort, die Jesus seinen Jüngern gab, als sie ihn fragten: Was haben wir eigentlich davon, wenn wir alles verlassen haben und mit dir gehen? Markus 10,29ff.:

»Ich versichere euch: Jeder, der Haus oder Brüder oder Schwestern oder Mutter oder Vater oder Kinder oder Besitz um meinetwillen und um der guten Botschaft willen aufgegeben hat, wird jetzt, in dieser Zeit, alles hundertfach zurückerhalten: Häuser, Brüder, Schwestern, Mütter, Kinder und Besitz – wenn auch mitten unter Verfolgungen. Und in der zukünftigen Welt wird er das ewige Leben haben.«

Danach habe ich nur noch drei Sätze gesagt: »Es geht um das ewige Leben. Mehr kann ich dir nicht anbieten. Und weniger wollte ich dir nicht anbieten.« Danach sang der Sänger das Lied:

»Als Christ bewusst zu leben, ist spannend, SCHWER und schön …«

Während dieses Liedes konnte jeder, der wollte, nach vorn kommen und sich unter das Kreuz stellen. Das erklärte ich natürlich auch, indem ich sagte: »Dieses Holzkreuz ist ja ein Zeichen. Es bedeutet, dass wir Christen glauben: Jesus ist jetzt hier. Und wenn dich seine

Botschaft getroffen hat, kannst du jetzt, indem du hier nach vorn kommst, äußerlich in der Zeichensprache ausdrücken, was innerlich in dir vor sich geht. Du stehst auf von deinem Stuhl. Verlässt dein altes Leben und gehst zum Kreuz, zu Jesus – der wird ab jetzt dein neuer Orientierungspunkt für dein gesamtes Leben. Und ich bleibe jetzt hier stehen, um dir zu helfen. Denn wenn du hier zum Kreuz kommst, werden wir zusammen beten. Ich spreche dir ein Gebet vor, in ganz kurzen Sätzen, und du sprichst es Zeile für Zeile laut nach. Das ist der entscheidende Schritt zu Jesus.«

Und dann kam also, während der Sänger sein Lied sang, auch unser getreuer Ehemann nach vorn. Er war, wie ich später hörte, ein Immobilienmakler, der am nächsten Tag schon wieder nach Thailand oder wasweißichwohin düste. Einer von den großen Machern, aus dem der große Gott an diesem Abend ein Gotteskind gemacht hatte. »All denen aber, die ihn aufnahmen und an seinen Namen glaubten, gab er das Recht, Gottes Kinder zu werden« (Johannes 1,12). Den Immobilienmakler hatte die Erkenntnis wie ein Blitz aus heiterem Himmel, wie ein Volltreffer ins Tor getroffen: Jesus hat für mich einen Platz im Himmel, eine ewige Heimat, eine Wohnung, die nie verfällt. Und so fällte er seine Entscheidung und zögerte keine Minute, dieses Angebot anzunehmen. Und dann habe ich mit ihm gebetet, und so (oder so ähnlich, es kommt nicht auf den Wortlaut an) können Sie jetzt auch beten, gleich auf der Stelle:

Herr Jesus Christus,
ich brauche dich.
Ich habe bisher mein Leben selbst bestimmt.
Ich habe gegen dich gesündigt.
Bitte vergib mir meine Schuld.
Ich gebe dir jetzt mein Leben
mit Leib, Seele und Geist,
mit Vergangenheit, Gegenwart und Zukunft.
Übernimm die Herrschaft in meinem Leben
und verändere mich so,
wie du mich haben willst.
Danke,
dass du mich angenommen hast.
Amen.

»Meine Gnade soll nicht von dir weichen«

Als kleiner Knirps trabte ich sonntags mit den Eltern in unsere wunderschöne, ehrwürdige Dorfkirche. An den Wänden standen uralte Grabsteine. Auf manchen waren Ritter in ihren Rüstungen gemeißelt, die betend knieten. Über dem Altar schwebten Engel mit langen, goldenen Trompeten. Ganz oben leuchtete in einem vergoldeten Strahlenkranz das Auge Gottes. Unser Pfarrer war ein alter, kleiner, kugelrunder Mann. Wenn er in seinem Talar ächzend auf der Kanzel erschien und sich dann auf die Brüstung stützte, quoll sozusagen die ganze Kanzel vom Pfarrer über. Auf mich wirkte er da oben immer wie ein riesiger, schwarzer Vogel auf einem Baum. Mein ganzes kindliches Interesse galt seinem gewaltigen Doppelkinn, das beim Predigen das darunter hängende Beffchen zum Wippen brachte. Von seinen Predigten weiß ich nichts mehr. Nur einen Satz habe ich nie vergessen. Es war ein Bibelwort, Jesaja 54,10: »Denn es sollen wohl Berge weichen und Hügel hinfallen, aber meine Gnade soll nicht von dir weichen, und

der Bund meines Friedens soll nicht hinfallen« (Luther).
Dieses Wort hat sich tief in das Gedächtnis und die Seele des Knirpses eingegraben, der ansonsten in seiner Bank gelangweilt mit dem Gesangbuch gespielt hat. Inzwischen ist aus dem Knirps ein Mann geworden. Ich bin nun selber ein alter, wenn auch kein kugelrunder, Pfarrer. Und wenn ich zurückblicke, kann ich mit Dankbarkeit sagen: ich habe ein Leben lang unter der Gnade und von der Gnade Gottes gelebt.

Als ich das Bibelwort zum ersten Mal aus dem Mund des alten Seelsorgers hörte, war das in der schweren Jahren des 2. Weltkrieges. Es war die Zeit mit den entsetzlichen Bombennächten, als unsere Häuser wankten und einstürzten. Dann stürzte das ganze Nazireich zusammen. Später erlebte ich den Zusammenbruch der DDR. Dieser hochgerüstete Staat verschwand sang- und klanglos von der Bühne der Geschichte. Die Berliner Mauer fiel ein. In allem blieb eins unverändert: die Zusage von Gottes Gnade. »Auch wenn Berge weichen und Hügel beben, soll meine Gnade nicht von dir gehen; und der Bund meines Friedens soll niemals wanken.«

Bei unzähligen Gelegenheiten, mindestens an jedem Sonntag im Gottesdienst, habe ich die Gnadenzusage Gottes immer wieder bekommen. Z.B. beim Zuspruch der Vergebung nach der Beichte, beim Heiligen Abendmahl, beim Segen am Schluss. Egal, was gerade in der Weltgeschichte oder der Geschichte meines Lebens passierte, in Höhen und Tiefen – die Zusage Gottes stand fest, unveränderlich: »Meine Gnade soll nicht von dir gehen.«

Was sind wir als Christen doch für glückliche Menschen! Gott hat uns zu seinen Kindern erklärt und nichts in der Welt kann ihn davon abbringen, uns als solche zu behandeln. Gott hat mit uns, die wir doch seine Feinde waren und es nicht wert sind, seine Kinder zu sein, einen Friedensbund geschlossen. Und nichts in der Welt kann ihn davon abhalten, diesen Bund zu halten. Wenn wir schon unser Leben lang die Haltbarkeit von Gottes Gnade erleben und prüfen können, um wie viel mehr gilt das für das Ende unseres Lebens. Ich bin inzwischen an dem Punkt angelangt, wo ich nicht nur zurück, in die Kindheit und Vergangenheit, sehe, sondern immer mehr nach vorn, in die Zukunft. Irgendwo dort in der Zukunft kommt ein Tag, der mein letzter auf dieser Erde sein wird. Irgendwann kommt der Tag, der der letzte für die ganze Welt sein wird. Dann kommt Jesus zum letzten Gericht. Diese Situation ist eigentlich gemeint, wenn es hier heißt: »… wenn Berge weichen und Hügel hinfallen.« Am Ende, wenn Jesus zum Gericht kommt, werden Himmel und Erde vergehen. Das Unvorstellbare wird geschehen – Berge, nach unseren Begriffen das Größte und Standhafteste, was es gibt, werden verschwinden. Hügel, z.B. Grabhügel, die uns in ihrer Endgültigkeit den Blick in die Ewigkeit versperren wollen, werden nicht mehr da sein. Und wo werden Sie sein, wenn die Posaune des Gerichts erklingt? Schon einmal haben Posaunen Mauern zum Einstürzen gebracht, die Mauern von Jericho. Die Posaunen des Gerichts werden auch Ihren Grabstein zum Einstürzen bringen. Auf welcher Seite werden Sie bei der Auferstehung der Toten stehen? Auf der Seite der Begnadigten, die ins Reich Gottes einziehen, oder auf der Seite der Verlierer, die die Gnade abgelehnt haben? Noch ist Gnadenzeit. Noch besteht für Sie die Einladung, die Gnade Gottes anzunehmen. Dann stehen auch Sie unter der Zusage: »Meine Gnade soll nicht von dir gehen.«

(Gesendet im ERF,
Wort zum Tag, 14.01.2004)

hänssler

Hans Peter Royer

Du musst sterben, bevor du lebst, damit du lebst, bevor du stirbst!

Paperback, 140 S., Nr. 394.478, ISBN (10) 3-7751-4478-1, ISBN (13) 978-3-7751-4478-0

Der Autor zeigt, dass Christsein nicht nur bedeutet, einen neuen Lebensstil anzunehmen, sondern ein neues verändertes Leben zu führen.

Bitte fragen Sie in Ihrer Buchhandlung nach diesem Buch! Oder schreiben Sie an: Hänssler Verlag GmbH & Co. KG, 71087 Holzgerlingen.